咸豐朝

呈揚州城戰況記事單

三月初四日賊聞大兵至前鋒爲陳軍門遂畏甚及聞琦爲主帥則拍掌大笑登城吹唱初九日陳軍門挑戰賊畏退若一鼓攻城即時可復乃琦令止之十九日馮參戎率勇五百沖進徐凝門里許賊益驚慌忽奉令調出及向軍門撥川勇三百來揚於三十日攻破賊營土城鄉民幫填陷坑賊退入西北兩門川兵沖進除不接應外反令退出撥至他處賊遂於四月初一日裹脅兵民共數萬並背重米石裝船數千隻由瓜口渡江並分賊一股擄儀徵破六合揚城餘賊不足千人城外周圍十餘里民房已於三月底爲賊燒盡城内於四月初三日燒起晝夜火光不絕陳軍門勝閣部日日請攻不許士民上言譚千總通稟求明攻西北暗對東關缺口之中報恩寺地方攻打城既單薄地又寬闊正好進兵搜賊乃不但不准反將該處炮位兵勇撤回又城内逃出難民深悉城内無備情愿民率兵勇進城亦不准似此情形筆難枚舉以大兵十餘萬擁住五十日不知費餉若干而大帥忍心坐視按兵不動徒使百姓痛哭將士灰心兵勇忿忿欲變而賊反優游四竄嗟乎揚城已爲灰燼主帥如此恐賊人從此横行更不可問哀哉

咸丰三年五月十二日

姚福增

奏爲連日攻剿揚州情形事

刑部右侍郎臣雷以誠跪

奏為連日攻剿揚城倍形棘手勢難罷兵惟有竭盡愚忱鼓勇前進謹將現在情形據實恭繕密摺由驛六百里馳奏仰祈

聖鑒事竊臣前駐仙女廟奏請練勇籌餉原為保守裏下河起見嗣蒙

恩綸疊霈幫辦軍務並與琦善陳金綬督兵克復揚城責無旁貸是揚城一日不復即

聖心一日不安臣自五月二十六日親赴琦善等營中面商一切但言賊情狡詐攻剿極難此時西北面正在用礮攻城並未明言其策臣回營後當即派張翊國駐紮五台山相機策應至二十七日忽有雙來登城之舉終以接應不及致失機宜嗣以漕臣福濟議糧船登城之計亦未能有成功臣焦灼萬狀計無所出因訪知東關一帶城身較薄急思得萬觔大礮以便攻打適已革運司但明倫來營言江陰鵞鼻嘴地方尚多大礮情願自行報效運赴應用遂與福濟商議

意見相同即經附片奏明在案臣復以賊踞揚城為日已久自虹橋失利後東路更形喫重連日拏獲奸細僉稱賊匪糧盡勢極窮蹙急圖分竄屢經臣等將附城較近居民全行驅逐並臣琦善派瞿騰龍屢次燒奪賊船以斷其接濟之路接濟愈窮即思竄愈急誠恐大股竄出臣等勇力單弱不能堵禦故不得不奏請撥兵荷蒙

聖明洞鑒著臣與福濟嚴密籌辦防堵東路並令與

琦善等聲息相通又著督臣慧成等迅速來揚以便布置一切仰見

聖慮周詳無微不至臣與福濟仍恐慧成之兵為別處截留復經合詞奏請現在慧成尚不知行抵何處而但明倫已將大礮運到臣等即令安置五台山定於七月初五日開放攻打仍一面知會琦善等各營於西北面攻打是日尚有接應奈五台山距便益門較遠不能得力當即一面趕製礮車一面仍連日會同福濟派委參將師長鑣馮景尼與臣所派千總孫得富等更番迭

攻或連放火箭以燬其板架或連射告示以散其黨羽使其日夜不能休息心懷疑畏以便進取迨礮車已就正欲運赴東關擇地安置忽接琦善來文竟與臣及福濟各分畛域語極嶄截不勝駭異迨經已革都司宋天麒等將大礮三門運至東關之奶奶廟定於二十日申酉之間開礮攻城仍即信知琦善陳金綬於西北面同時出攻去後臣與福濟連日親自督戰乃自二十至二十一二十二三日内西北面毫無動静現已將東關城垛口打倒並城面打去一二層約二三丈似頗得力各營壯勇亦多鼓舞前進各思奮勇登城若使四面環攻計當爭先恐後無如僅有東關一面賊亦全力抵拒以上擊下則易以下攻上較難賊勢分則弱勢合則强且臣等有勇而無兵既分勇在東關攻城其缺口鈔關徐凝等門暨施家橋等處各要隘皆宜分勇以防竄逸如二十一日徐凝門縋賊幾及千人若非師長鑣等早有准備豈能即獲勝仗此

臣等辦理棘手之情形也臣自移駐萬福橋任
事以來不憚委曲周旋冀收師克在和之效茲
因賊糧將盡賊勢已蹙不思合力攻剿迅圖克
復竟至此疆彼界不能聲息相通實屬不解其
故或俟賊竄出圖得空城耶抑以臣等之勇斷
不能堵賊竄將以之為壑而推其過耶夫賊船
雖經燒奪水上之接濟可以暫斷而陸路奸民
之接濟難保其必斷況曠日持久安定其船上
必不能接濟耶倘使再有接濟則賊勢復張其
守愈固終無克復之期矣臣不敢謂此舉必能
克復然大礮已經數城有力斷不能歇兵勇已
經布置必不能罷惟有勵以忠義並厚懸賞格
不以事難而退縮不以力單而畏葸不敢居功
亦不敢推過勉竭血忱庶或稍慰
宵旰於萬一耳謹繕密摺由驛六百里馳奏伏乞
皇上聖鑒謹
奏
咸豐三年七月　二十三日

奏請敕部速撥揚州駐防官兵餉銀事

再食為三軍之命是以出師必先籌餉臣奉
命統兵來揚防守北岸所有吉林黑龍江西安馬隊
皆歸臣調遣例支餉項倍於綠營兼以浦口六
合儀徵等處均在江北沿江數百里間在在需
兵均由臣營派撥故駐揚之兵雖少而需餉之
數較多合計馬步隊兵餉及添置軍裝器械鑄
造礮子礮車雲梯望樓夫騾價值匠役口糧一
切支銷每月約需銀二十萬兩自上年七月以
來臣營兵餉久已停支積欠至今已多至百數
十萬偶有解到三五萬僅足供旬日之需部撥
山東淮北浙江河南各款本屬不敷且有歸無
著者早經起解在途之粵餉又被湖北截留兵
丁樵蘇不爨扉屨難供馬則倒斃賠累難堪身
處異鄉賒貸無門啼飢號寒不堪目擊該兵丁
等又聞他處兵餉尚無缺乏同一馳驅效命而
獨至凍餒交加自嗟向隅亦人情之所不免此
種情形疊經臣瀝陳
天聽在
皇上一視同仁必不忍使一處士卒獨困飢寒而軍
中久無見糧亟望

恩膏立沛衆兵見臣輒向臣環泣臣亦惟對諸軍涕
泣慰勞中夜徬徨不能安枕如是者已半年於
茲矣臣所帶陝甘等處官兵及馬隊雖經臣再
三撫諭而困苦之狀日甚一日實已力不能支
至直隸官兵除派防儀徵浦口外其餘歸陳金
綬在西門外駐紮迨揚城收復後奉
旨特派陳金綬專防東路移營進勦紮營於桂花莊
一帶又經臣添撥馬步隊暨慧成原帶之兵均
歸調遣與臣所帶官兵分東西兩岸日日會攻
瓜洲風寒雨雪防範維嚴直隸帶兵官叅將鞠
殿華打仗奮勇從未失機詎料弁兵因缺餉已
久各懷求生之念忽於本月初七日收隊之後
逃走多名查有直隸提標右營千總馬贊臣右
營把總王進龍前營外委邱玉衡右營額外傳
明暨中營兵丁三十八名左營兵丁二百十一
名右營兵丁二百四十一名前營兵丁十一名
直隸通永鎮兵丁三十三名直隸山永協兵丁
六名直隸昌平營兵丁二十七名同時逃走由
中營叅將鞠殿華右營遊擊札普尚阿稟報前
來臣當即會同陳金綬飭令札普尚阿四路訪

查跟蹤追躡已有追回者訊其原委實因餉久
未支飢寒交迫既不敢擾累閭閻又不能坐待
餓斃且皆係北人不慣久處南方卑溼之地病
者甚多兼因賊踞靜海風鶴遙傳既以乏食而
欲求生復以多難而思鄉井遂致逃散至五百
餘名之多在千把等官竟敢擅離部曲自應嚴
正軍法而該兵丁等則迫於飢寒事非得已臣
現已行文各處查緝如敢沿途滋事即行就地
正法并飛咨直隸督臣及署提督一體嚴緝以
肅軍政其畏罪悔悟投回歸伍者再由臣酌量
辦理至軍營計口授食自古及今從無令其枵
腹荷戈之理果使糗糧充裕何患法令之不行
今於飢疲之餘責其任戰寬則疑於廢法嚴則
激而生變區區下情諒蒙
聖明垂察查臣營欠給各款積至百數十萬之多即
就直隸各營而言應領各款已在二十萬上下
是甘於脫身部伍實有不得已之苦衷空匱至
此如何支持況同一軍餉而他處尚敷支放此
間獨欠給半年愈難以安士卒之心既不能安
其心更何能用其力即如總兵多隆武所帶山

東官兵暨狼山營官兵向歸福濟慧成管帶月
月給餉士飽馬騰一旦歸臣統帶即至無款可
支是他處缺餉不過事值偶然獨至臣之軍營
則竟以有兵無餉視為故常也今直隸兵丁竟
致因此逃散覓食他方軍情若此深可寒心無
論部撥軍餉皆紙上空談即掃數到齊不過補
支一月之餉幸蒙
聖主軫念衆兵之苦
勅部速撥數十萬兩接濟兵食而轉輸遲滯恐難即
至數月之中難保不遽釀事端萬一相率效尤

紛紛散走賊匪近在瓜洲必致乘虛竄入民情
柔弱全無固志不特揚城終不可保即清江亦
不可守賊騎長驅直入益成燎原之勢通北大
道多係真有不堪設想者臣受
恩深重雖捐糜頂踵亦何敢辭獨惜衆心一散無異
開門揖盜所關甚鉅用是冒昧直陳伏願
皇上恕臣戇直少
賜采擇俾士卒無乏食之虞庶幾衆志成城可資守
禦臣不勝感悚待
命之至謹

所奏均係實情揚州与別處同是軍營甘苦不均豈能復責以拚死疆場況該營營缺餉日久非他營可比著戶部再為迅速籌畫若仍前指款改撥或竣後請飭下妥籌俾屬畫餅非濟急之策設使部臣出而視師身歷其艱亦必知非易易也戶部知道

奏為遵旨辦理揚州軍餉情形事

再臣等於閏七月二十九日接奉
諭旨以翁同書陳奏揚州軍餉缺之情形
命籌撥款項以供支發仍激勵將士迅圖克復伏查
揚州軍餉未能寬裕以致積欠數月久已上達
宸聰本年撙節支放兵丁食用未免拮据係屬實情
淮徐揚三屬漕項地丁報解寥寥仍屬不敷接
濟業經飛飭該地方官設法提撥以應急需至
臣雷以誠所辦捐輸捐釐等事已交文煜接辦
文煜即係總辦糧臺之員自必實力妥籌以裕

兵食現在各營官兵屢經激勵均知感奮兼以
新獲大捷丕振聲威臣等仍當竭力籌攻早圖
滅賊以埽寇氛而節帑項所有遵
旨辦理緣由理合附片具陳伏乞
聖鑒謹
奏

知道了

奏爲遵查江寧揚州在城殉難官紳士庶各員請旨從優議恤事

兩江總督臣怡良
江蘇巡撫臣吉爾杭阿跪
奏為江甯揚州在城殉難官紳士庶查明請卹恭
摺奏祈
聖鑒事竊臣等前准部咨咸豐三年九月二十日奉
上諭自粵匪竄擾以來地方文武官員或守城殉節
或臨陣捐軀及紳士人等志切同仇盡忠效死者
業經立沛恩施交部分別議卹並將被害較烈各
員命於各該處建立專祠以昭忠節至未經奏報
各員著各該省督撫迅即飭查被害情節奏請獎
卹勿稍疎漏等因欽此又准部咨咸豐三年十月

二十三日奉
上諭軍興以來被賊滋擾地方文武官紳及兵勇人
等或臨陣捐軀或遇賊被害經各督撫奏報無不
立沛恩施給予卹典並諭令各省督撫查明被害
較烈之員再行分別酌議加增予諡或令入祀昭
忠祠以勵臣節而慰忠魂復念被難各地方士庶
人等或因罵賊致戕或因遇侮遭害甚至全家罹
難閨室自焚雖貴賤之不同實節義之無愧特恐
僻處鄉隅不獲上邀旌卹以致湮沒弗彰朕心惻
焉著各該督撫通飭所屬迅速查明遇賊死節士
民婦女等除照例題請旌表外其殉難尤烈者并
准其奏明請旨分別賜卹該督撫等其秉公詳覈
毋濫毋遺以副朕勵節褒忠之至意欽此臣等跪
聆之下仰見我
皇上褒節勸忠
恩綸疊沛曷勝欽服均即恭錄通行欽遵查辦去後
嗣經查明揚州殉難各員先行奏報在案茲據
前署江甯布政使楊能格江蘇按察使吳其泰
兼署兩淮鹽運使郭沛霖轉據江甯揚州二府
將失陷在城文武正佐暨調防候補各員並在

籍官紳士庶婦女先後據報殉難者逐一確查
造册會詳請奏前來臣等伏查上年二月間江
甯揚州二府被逆匪攻陷在城文武大小官員
及在籍紳民婦女或登陴遇害或巷戰捐軀或
飲鴆自戕或絕吭就縊或舉家投水或闔室自
焚均屬取義成仁完名全節觀羣情之所趨者
正知
聖化之所被者深洵足以扶植綱常垂光史策謹繕
清單仰懇
天恩敕部從優議卹以維名教而慰忠魂除清册咨
部備查此外江揚等府續報陣亡殉難官紳士
民另行確查辦理外謹合詞恭摺具
奏伏乞
皇上聖鑒訓示謹
奏
另有旨
咸豐四年十月初六日

呈揚州分局咸豐三年四月至四年正月次案收支捐輸各款錢糧清單

謹將揚州分局自咸豐三年四月初十日起至四年正月二十一歸併前一日止次案收支捐輸各款錢糧開具四柱簡明清單恭呈

御覽

計開

舊管

前冊報存銀六十兩五錢三分一釐六毫七絲三微

存銀票一萬三千三百七十六兩三錢一釐三毫九絲九忽

新收

一收捐輸銀十一萬八千五百兩

查此項係揚營軍餉不繼隨時勸諭紳商捐輸之款應俟查明歸入江北籌防局捐輸案内彙覈請奬理合登明

一收平餘項下餘銀一千七百四十五兩六錢七毫九絲六忽

以上新收銀十二萬二百四十

五兩六錢七毫九絲六忽

管收二共銀十二萬三百六兩一
錢三分二釐四毫六絲六
忽三微

開除

一本省官兵借領行裝銀六十五兩
查前款係照部准章程分別
極遠次遠酌減借支官分
四季兵分八季扣還歸款

一文員養廉共支銀八千六百六兩六錢六分
六釐六毫六絲七忽栗四

十三兩三錢三分三釐三
毫三絲三忽
查前款係照例辦理應移咨
各藩司查照覈辦

一採買火藥硝磺鉛鐵等項共支銀一萬二千
一百九十五兩四錢三分
七釐五絲九忽

一製造衣帽帳房旂幟槍礮等項共支銀四萬
八百十九兩三錢三分六

釐一毫五絲二忽

查前二款磺鉛等項照江蘇成案於例價外酌加三成硝斤一項各處同時採辦價值昂貴因需用急迫不得不放價購買當照江蘇成案每百斤給銀七兩鐵斤及例無定價者均按市價估辦至火藥為軍中最要之需照江蘇成案准銷工料價值分别配製加工尋常兩項以資攻剿

一外省本省滿緑兵丁雇用隨營長夫共支銀二萬九千八百十三兩二錢九分九釐二毫

查前款係照江蘇准銷成案每兵百名准另雇隨營長夫四十名以免鈌誤每名日給工價銀八分不支口糧其本營本汛兵丁概不

支給
一外省本省滿綠各營官兵馬乾副銷五分共
支銀二萬三千一百九十
四兩八分票五百十六兩
八分
查前款係查照前漕臣福濟
河臣楊以增等
奏准馬乾日支銀一錢以五
分作正開銷其餘五分照
案歸於行兵省分攤補

一各營官兵來揚船隻水脚共支銀一百六十
一兩六錢一分一釐二毫
查前款除由各縣局應付外
所有揚局支過前項船價
飯食係照例及江蘇夷務
准銷成案覈給
一運送軍火器械脚價共支銀七百六十二兩
三錢四分八釐二毫
一運送軍餉銀錢脚價共支銀一千七十四兩
四錢四分一釐

一各營書識工食糧折等項共支銀九百十六
兩九錢四分八釐一毫二
絲一忽
查前三款係照例及江蘇夷
務准銷成案覈給
一隨營醫生各匠工食糧折及底夫房價共支
銀二千三百三十一兩一
分三釐四毫一忽
查前款房價係設立揚州分
局并堆儲軍火器械等項
租賃民房應用查照例案
每所日給銀八錢四錢不
等並雇備底臺民夫隨時
在局搬運一切每名日支
工價銀八分不給口糧其
醫生各匠工食糧折悉係
照例支給
一書識各匠安家行裝共支銀一千三百五十
二兩
查前款係照江蘇准銷成案

離家三百里以外者照例
支給三百里以内者毋庸
議給以歸覈實
以上開除共支銀十二萬一千
二百九十二兩一錢八分
一釐
票五百五十九兩四錢一分
三釐三毫三絲三忽
餘平項下
一共扣存平餘銀二千三百八十八兩六錢六
分七釐四毫六絲二忽
查前款照例除官兵俸餉鹽
菜馬乾養廉卹賞行裹均
應給庫平外其餘採買運
脚米折水脚夫價工食零
星等項每百兩扣收平餘
銀一兩
一支給揚州分局經貼各書紙飯等項銀六百
四十三兩六分六釐六毫
六絲六忽

查前款照例在於平餘項下
支給覈計應存平餘銀一
千七百四十五兩六錢七
毫九絲六忽已在新收項
下作收支用
實在
無存計不敷銀九百八十六兩四分八釐五毫
三絲三忽七微
查前項不敷銀兩本係由經
辦委員隨時措墊因無款

發還現在籌捐歸補理合
登明
存銀票一萬二千八百十六兩八錢八分八釐
六絲六忽
查前款業已解回清江籌防
局收存理合登明

覽

上諭軍機章京徐步雲查辦揚州提引私通信息發配伊犁等事

同治元年二月二十三日内閣奉
上諭御史佛爾國春奏軍機章京與外官交結私通信息請嚴定罪名以除積習一摺軍機處地屬樞機理宜慎密該章京等每日繕寫諭旨登記檔册等件均關緊要宜如何小心謹秘以重職守查乾隆年間因御史戈濤奏軍機司員有豫為透漏情事查明後恭奉
諭旨嚴加訓誡嗣有軍機章京徐步雲於查辦揚州提引一事豫先通信復奉
旨徐步雲與盧見曾認為師生此等緊要事件敢於私通信息致盧見曾豫行寄頓甚屬可惡著發往伊犂效力贖罪等因
聖訓昭垂允宜法守第恐日久玩生該章京等仍蹈陋習多與外官交結遇事先期通信俾得早為彌縫甚至賄賂交通毫無忌憚實堪痛恨上年冬間即經議政王軍機大臣申明堂諭以為儆戒現當整飭官方之際樞密重地尤宜嚴肅用是特行申諭嗣後該章京等務各廉隅自飭勤慎趨公毋得復蹈從前積弊儻有不知自愛於逐日辦理各事件有與外人交通透漏情事一經發覺或被人叅

奏得實必從重懲辦近侍官員漏泄機密等事專條具在例意綦嚴該御史所請再行嚴定罪名之處應毋庸議仍著議政王軍機大臣隨時嚴密稽查以挽頹風而除積習俾各該章京等懔然於寬典之不可倖邀也欽此

同治元年策試中榜名單誥示（二甲第一名等爲揚州人）

金榜

奉
天承運
皇帝制曰同治元年五月初一日策試天下貢士李慶沅等一百九十三名第一甲賜進士及第第二甲賜進士出身第三甲賜同進士出身故茲誥示

第一甲賜進士及第

第一名徐郙　江蘇太倉州人

第二名何金壽　湖北武昌府人
第三名温忠翰　山西太原府人
第二甲賜進士出身
第一名陳彝　江蘇揚州府人
第二名許庚身　浙江杭州府人
第三名柳熙春　湖南長沙府人
第四名陳學棻　湖北德安縣人
第五名劉瑞祺　江西九江府人

第六名吴鴻恩　四川重慶府人
第七名龔聘英　江蘇崇明縣人
第八名平步青　浙江紹興府人
第九名薛斯來　江蘇揚州府人
第十名王兆蘭　順天宛平縣人

奏報運道暢通籌辦整頓淮南鹽務事

欽差大臣協辦大學士兩江總督兩淮鹽政臣曾國藩跪

奏為淮南鹽務運道暢通力籌整頓以冀規復舊
制恭摺仰祈
聖鑒事竊臣於上年九月二十二日覆奏京倉需米
摺內曾將籌辦南鹺情形略陳大概在案伏查
淮南鹽課甲於天下自長江梗阻引岸廢弛疊
經前督臣於咸豐四年奏辦就場抽稅販户下
場綑鹽收課甚微又於七年奏改設局征稅令
水販就棧採買稍有成效但每年所征課銀較
全盛時尚不及十分之一總因楚西引地未通

鹽無去路是以課無來源現在江路肅清運道
暢行無阻所有楚西各岸自應趕緊設法運鹽
濟售力圖整理而籌辦之難大端有二一在鄰
鹽之侵灌太久西岸則食浙私粵私而兼以閩
私楚岸則食川私粵私而兼以潞私引地被占
將及十年民既藉此以濟食官亦藉此以抽釐
積重難返久假不歸勢不能驟行禁絕一在釐
卡之設立太多淮鹽出江自儀徵而金柱關而
荻港而大通而安慶而華陽鎮以達於楚西層
層設卡處處報稅均以鹽釐為大宗諸軍仰食

性命相依勢不能概行裁撤臣博訪衆論核定
新章按切今日之時勢仍倣昔年之成法大致
不外乎疏銷輕本保價杜私四者請為我
皇上粗陳其略自鄰鹽侵占淮界本輕利厚淮鹽不
能與之相敵江楚百餘州縣徧地皆是查之不
勝其煩堵之且恐生變計惟重稅鄰私俾鄰本
重而淮本輕庶鄰鹽可以化私為官而淮鹽亦
得逐漸進步現已咨明湖廣江西各督撫將鄰
私釐金酌量加抽聽鄰鹽與淮鹽並行不悖譬
之田產被客民占據田主初歸姑與客分耕而
食待至淮運日多銷路日暢然後逐占田之客
申鄰鹽之禁此疏銷之略也近年楚西之鹽每
引完釐約共在十五兩以上所分濟者下游為
都興阿之餉馮子材之餉李世忠之餉上游為
臣與官文部下之餉皆萬不可停者臣與各處
咨商鹽釐不能全停未始不可暫緩除揚鎮兩
防宜照舊額外其餘未始不可少減臣酌定新
章前之逢卡抽收者今改為到岸售銷後彙總
完釐分解各軍前之收十五兩有奇者今改為
楚岸每引抽銀十一兩九錢八分西岸每引抽

銀九兩四錢四分皖岸每引抽銀四兩四錢既
減釐以便商又先售而後納此輕本之略也商
販挾資求利無不顧價值常昂保而勿失然不
由官為主持往往見小欲速跌價搶售其始一
二奸商零販但求卸貨而先銷不肯守日而賠
利其後彼此爭先愈跌愈賤如風捲潮退雖欲
挽回以保成本而不可得官與商俱受其害現
於楚西各岸設立督銷局派委大員駐局經理
鹽運到岸令商販投局挂號懸牌定價挨次輪
銷時而鹽少小民無食貴之虞時而銷滯商賈
無虧本之慮此保價之略也鹽法首重緝私大
夥私梟明目張膽猶不難派兵捕拏最易偷漏
者包內之重斤船戶之夾帶所謂官中之私查
禁尤難現經改復道光三十年舊章每引正鹽
六百斤分綑八包每包另給滷耗七斤半包索
三斤半共重八十六斤由臣刊發大票隨時填
給並於大勝關大通安慶等處派員驗票截角
如有重斤夾帶立即嚴加懲究提鹽充公其各
岸之兼行鄰鹽者亦必另給稅單苟無單而販
私即按律而科罪此杜私之略也茲四者均就

目前之要務及道光年間之成規參酌兩損益之無論官運營運悉照商運一律辦理至應完課銀因鹽釐為數過重未能遽議加增仍照咸豐七年奏案征收向來鹽課按半年奏報一次今擬將各處彙收之釐亦分上下半年隨課並報以便部臣有所稽考惟兵燹之餘户口大減以今日之民數照承平之引額恐運銷不及一半加以鄰私充斥挽復非易殷商絕少招徠尤難能否漸有起色殊無把握臣惟有督飭署運使忠廉實力講求以期

國課軍需兩有裨益所有淮南鹽務運道暢通力籌整頓緣由理合恭摺具奏伏乞

皇太后

皇上聖鑒訓示再淮北以鹽抵課紊亂舊章疲壞已極經部臣奏奉

諭旨飭令設法辦理容俟辦有頭緒另行覆奏合併陳明謹

奏

議政王軍機大臣奉

旨户部議奏欽此

同治三年正月　十二　日

奏爲在揚州督兵屢殲悍賊奉旨賞給騎都尉世職謝恩事

奴才都興阿謹跪

奏為恭叩
天恩仰祈
聖鑒事竊於同治三年七月十一日奉到六月二十
九日内閣奉
上諭克復江甯全股悍賊盡數殲滅洪逆自焚並生
擒李秀城洪仁達等逆已明降諭旨將曾國藩等
酬庸錫爵普沛恩綸西安將軍都興阿前在揚州
督兵屢殲悍賊掃除天長六合各路竄匪督率水
師嚴扼江面現雖督師甘肅而從前所立之功自
不可泯著加恩賞給騎都尉世職等因欽此奴才欽
奉之下欣忭莫名溯查該逆反常肆亂十有數
年蹂躪地方十有餘省我
文宗顯皇帝勤勞宵旰
宏濟艱難
簡良
授能
彰撻伐殲除醜類叛刑柔德滌逆綏乂安黎元惟江甯
踞逆負嵎固守雖屬釜底游魚實為穽中猛獸
伏遇

聖主纘承基緒
誕授欽明
洪福無疆
天威震懾奮鐵甲之三軍痛除兇跡拔金陵於一旦
盡掃狂氛四海仰然羣黎欣戴亦皆由
兩宮
皇太后廟謨廣運
皇上大業克光凡屬戎行咸知奮勉以致滔天逆寇
立地誅鋤從此東南底定劒戟為農行看中外
恬熙欃槍永靖瞻望
闕廷曷勝歡欣鼓舞之至奴才前在揚州辦理軍務

自愧庸愚毫無報稱乃蒙
異數殊恩實屬非常逾分感激之私除另摺恭謝
天恩外所有奴才欣忭下忱謹繕摺具
奏恭叩
天喜伏乞
皇太后
皇上聖鑒謹
奏
議政王軍機大臣奉
旨知道了欽此
同治三年七月　十五　日

奏報吉林官兵調換揚州進關日期事

署理山海關副都統奴才長善跪

奏為調換吉林官兵進關日期恭摺奏

聞仰祈

聖鑒事竊奴才查接管卷內先准吉林將軍咨稱遵

旨調換吉林征兵一百二十七員名馳赴揚州軍營等因奴才長善因探無進關音耗遵例於九月二十四日起程巡閱各屬官兵秋操誠恐吉林徵調之兵進關有誤馳報若奴才趕回驗放亦有不及是以責令左司協領和盛阿等務即眼同該營總詳查明確放行不得拘執延誤在案茲於九月二十七日據協領和盛阿等馳報本年九月二十五日吉林佐領委營總貴陞管帶官兵到關時該協領和盛阿等馳赴關門眼同委營總貴陞逐名點查委營總一員委參領三員兵一百二十七名原差弁兵二名均與吉林將軍來咨數目相符即於是日驗放進關馳赴揚州軍營去訖等情呈請

奏報前來奴才查覈無異除報明兵部外謹恭摺奏

聞伏乞
聖鑒謹
奏
議政王軍機大臣奉
旨知道了欽此

同治三年九月　二十七　日

曉諭妥辦揚州等處教案事

軍機大臣　密寄
大學士兩江總督調任直隸總督一等毅勇侯
曾　閩浙總督英　兩江總督馬　江蘇巡撫
丁　福建巡撫卞　河南巡撫李　同治七年
九月二十四日奉
上諭總理各國事務衙門奏豫蘇閩等省現辦傳教
各案中外未能相安一摺據稱河南省南陽教堂
一案民人傳帖聚衆其勢洶洶江蘇揚州聚衆毆
辱教士曾國藩咨報訊辦粗有頭緒臺灣壯勇殺

死教民英桂尚未將辦理情形咨報而該國使臣
屢請拏辦正兇情詞迫切等語傳教一事既已載
在條約勢難顯爲禁止惟在自端趨向崇正黜邪
現在辦理各件務須妥慎籌維當行者就案完結
當拒者按約辦明不致日久遷延橫生枝節方爲
妥善著曾國藩英桂馬新貽丁日昌卞寶第李鶴年
各將現辦未結之教案迅速設法了結毋稍偏徇
致辦理不得其平轉滋流弊原摺著各抄給閱看
將此由五百里各諭令知之欽此遵

旨寄信前來

抄交總理衙門

軍機大臣　密寄

直隸四川安徽江西浙江湖北湖南山東山西
陝西甘肅廣東廣西雲南貴州各將軍督撫
同治七年九月二十四日奉
上諭本日據總理各國事務衙門奏現辦傳教各案
中外未能相安請飭迅速完案並通飭各省按約
辦理一摺河南南陽因還堂聚衆江蘇揚州毆辱

教士福建臺灣壯勇殺死教民該國使臣屢請拏
辦正允情詞迫切必須迅速完案方免事機決裂
已諭令江蘇福建河南各督撫迅速辦理矣惟思
傳教一案載在條約自難顯為禁止惟在修明正
學自端趨向乃能崇正黜邪潛消隱患遇有交涉
事件尤當持平辦理當行者就案完結當拒者按
約辦明庶可關其口而奪之氣嗣後各該地方如
有傳教之洋人務令士民各守本業不得聽信浮
言無端尋隙儻有不安本分教士滋擾地方即知
會領事官按約懲辦必使民教相安不致釀成巨
案著各直省將軍督撫等通飭各該地方官妥慎
辦理毋稍偏徇致滋流弊原摺著各抄給閱看將
此各諭令知之欽此遵
旨寄信前來

抄交總理衙門

奏爲揚州紳民自行捐資請建已故巡撫翁同書專祠事

奏
馬新貽
文
揚州紳民請建故撫翁同書專祠由
十月廿三日

兩江總督臣馬新貽跪
奏爲紳民呈請捐建故撫臣翁同書專祠以彰忠
藎恭摺仰祈
聖鑒事竊臣據江甯布政使李宗羲詳稱據揚
州府詳據紳士翰林院庶吉士臧穀等呈稱揚郡
地當孔道南達大江北枕清淮爲南北之咽喉
裏下河之門戶咸豐三年以後粵逆擾犯
郡城荼毒生靈流離失所年賴
欽差幫辦軍務原任安徽巡撫翁同書帶隊督勦登
捷克復瓜洲救出難民加意撫卹闔郡
賴以安堵厚澤深仁銘感不朽我等不揣冒昧公
叩通詳
奏請准於揚州地方建祠祭享以慰民情當經詳
奉前督臣批司詳辦在案查原任安徽巡撫翁同
書前在揚州幫辦軍務督師勦賊收復府城進
克西鄉蔣王廟等處賊壘連復江浦儀徵瓜洲
等城揚郡賴以保全救出難民加意撫卹洵屬
有功一方至今紳民感誦公請捐建祠宇似應

優卹謚請
恩旨
天恩由該紳民等自行捐資建祠等情具詳請
奏前來臣伏思軍興以來地方文武大吏統兵將
帥或積勞病故或臨難捐軀且卹贈卹外往往
特沛恩施於官許本籍建立專祠以昭表彰盡瘁
以激揚士氣故撫臣翁同書以名宦之子為賢
侍從之官學問文章一時人望自貴州學政往
滿即蒙
文宗顯皇帝特達之知簡膺戎事當夫瓜儀戰勝遂
參軍幄之謨繼以淮鳳事艱濟畀籌折之任方其
駐軍定遠日以縣臬同日與共事目覩翁同書
忠勤性成焦勞倍
國年甫五旬鬢髮皆白以左支右絀之軍處悍將
叛練之變極知茍且羈縻之非而每苦於力有
弗及即當呼吸死生之際而惟行其心之所安雖
朝廷馭將之權執法不撓為然而
聖主飾終之
命易名特表其勤可謂大節凜然孤忠可揭矣其初
在揚州軍中賊踪甚說官軍瓦解翁同書以文
弱書生獨能扼守部頭進克連城遂使灰燼遺
黎耕桑重返瀛壖本壁雞犬不驚思功德而
報以馨香在閭閻固為公義
獎忠勤以作夫士氣者

國家宜有
殊恩可否仰懇逾格
賜恩准如該紳民等所請於揚州地方捐建前尚書
專祠以順輿情除備具該故撫臣前尚書事實
清冊咨送軍機處備查外理合會同江蘇撫臣
丁日昌恭摺具
奏伏乞
皇太后
皇上聖鑒訓示施行謹
奏
同治七年十二月二十二日軍機大臣奉
旨該部議奏欽此
十二月初九日

奏爲淮南北商販請建已故督臣曾國藩專祠事

署理兩江總督管理兩淮鹽政江蘇巡撫臣張樹聲跪
奏爲淮南北商販請建已故督臣專祠恭摺仰祈
聖鑒事竊前督臣曾國藩於上年二月因病出缺經
各省奏請建立專祠均荷
聖恩允准又於同治十一年五月初六日奉
上諭此外立功省分並著准其一體建祠等因欽此
仰見
皇上眷念藎臣飾終之典有加無已凡在臣工同深
欽感曾國藩歷年戰功播聞中外其任兩江總
督前後十年之久政績亦多可傳而於兩淮鹽

務苦心整頓成效尤著感人尤深蓋自兵燹以
後淮南運道梗阻引岸廢弛商逃竈困幾於片
引不行淮北亦疊遭匪擾票法全壞加以軍營
提鹽充餉棼如亂絲曾國藩於同治二年將南
北兩鹺次第整理三年正月奏定淮南新章八
月奏定淮北新章以運商運鹽到岸弊在爭售
則立督銷總局以整輪規場商收鹽入垣弊在
搶跌則立售鹽總棧以保鹽價而大要尤在明
於用人凡設一局卡必求廉正練達之員不拘
資格推心倚畀一主唐臣劉晏任用士人之意
故能同心勷助無弊不剔無利不興新章開辦
不及一年遠近商販趨之若鶩利厚則商衆商
衆則課充計自同治三年起至九年十二月止
前後七年之間淮南北共收鹽課鹽釐銀二千
萬兩以外又收鹽釐錢七百萬串以外均分上
下半年奏報有案湘淮各軍轉戰數省削平巨
寇而軍餉不致缺乏者半皆取資於兩淮課釐
曾國藩又以淮南引地為
國家大綱所繫七年九月十年三月兩次奏禁川
私雖一時未能全堵而為南商廣籌銷路不遺

餘力至淮北開綱驗資易啟賷號漁利之弊曾
與前督臣馬新貽商議奏停驗資令票販循環
轉運至今稱便各商販追念舊德歷久不忘同
沾樂利之休冀圖馨香之報情愿集資在於揚
州城内建立專祠現已購定基地稟經兩淮鹽
運使方濬頤詳請具奏前來臣查揚州為鹽商
輻湊之區近數年來各商遵章辦運財賦重地
漸復舊規皆由曾國藩所定鹽章法良意美商
販聞風爭趨納課既充獲利甚溥此次公籲建
祠委實出於至誠合無仰懇
天恩俯准淮南北商販在於揚州建立曾國藩專祠
每年春秋二季由運司率同官商致祭以隆食
報而順商情所有請建已故督臣專祠緣由理
合恭摺具奏伏乞
皇上聖鑒訓示謹
奏

著照所請該部知道

同治十二年二月　初　日

光緒朝

密諭麥華陀赴揚州采訪鹽價著李鴻章等確探情形具奏等事

軍機大臣 密寄
大學士直隸總督一等肅毅伯李 兩江總督
沈 光緒二年閏五月十五日奉
上諭沈葆楨奏覆陳察看威妥瑪到滬情形等語覽
奏均悉仍著沈葆楨飭令上海道等慎密察訪隨
時奏聞此次麥華陀請領執照赴揚州一帶采訪
鹽價難保非有所覬覦為要求地步著李鴻章沈葆楨
隨時確探情形具奏將此由五百里各密 諭 知
之欽此遵
旨寄信前來

抄交總理衙門

奏爲揚州運河東西兩堤險工亟宜籌款修築事

太子太保兩江總督一等威毅伯臣曾國荃跪
奏為運河東西兩隄疊出險工亟宜籌款修築恭
摺仰祈
聖鑒事竊揚州府所屬之南運河東西兩隄為裏下
河各州縣田廬民命攸關雖修守多年而工段
甚長未能處處俱到兼之前年黃淮並漲直灌
下游浪激波衝兩隄受傷掣塌之處不可枚舉
從前緩修各工今已悉成至要本年險工疊出

有岌岌不可終日之勢雖蒙
朝廷福庇幸獲保全而安不忘危尤宜作未雨之綢
繆成金湯之鞏固臣迭飭隄工局司道詳細履
勘擇萬分緊要必不可緩之工籌款趕築約有
數端請爲
皇上縷晰陳之一曰閘工查氾水汛之子嬰閘灌漑
高寶兩邑農田金門較寬上吸全河之溜坐當
兜灣本極喫重年久失修坍塌已甚上年突出
奇險暫用土工實堵蓄洩不靈不過一時權宜
之計非拆卸到底從新修築不足以資捍禦又
高郵汛之車邏南關兩耳閘病既相同修宜如
式臣已先後撥銀二萬兩飭令採購石料以免
臨事周章此兩汛閘工之不可緩者也一曰磚
工查邵伯臨鎮高郵臨城一帶工程舊制均用
磚砌民房櫛比市肆如林近皆臌裂酥鬆每遇
盛漲民居處處窨潮滲水輒赴隄工局籲求修

理祇因款鉅難籌兼之逼近鐵牛灣水溜河窄
一經動修須於隄外攔築越壩有礙行船諸多
棘手是以欲作旋輟者屢矣前今兩屆復經汛
漲該工損壞愈甚間有倒卸掣動土工者若不
亟籌折砌隱患滋大經隄工局勘明最要次要
各工共計估修三百數十丈需費較鉅擬分兩
年一律辦竣其餘應修之工亦復不少均擬擇
要用新磚嵌補完整此各汛磚工之不可緩者

也一曰涵洞沿隄舊設涵洞係為濟農而設必
使過水通靈庶於農田有益向來有民捐民辦
者有官為墊款者攤捐既未易收齊籌補亦難
免滋弊今擬查明各涵洞之應修應築者一概
動撥公款為之修整此沿隄涵洞之不可緩者
也統計以上各工約共估銀十九萬餘兩而司
局各庫均因入少出多同一支絀無可籌撥幸
上年開辦蘇皖賑捐本省及山西河南湖北等
省各紳富踴躍樂輸集成鉅款除陸續撥濟賑

需外尚有餘存擬即在前項賑餘內隨時撥濟
責成隄工局司道撙節核實支用俟事竣後報
部覈銷以固隄防而保田賦所有運河東西兩
隄險工亟宜籌款修築緣由謹會同護理漕運
督臣徐文達江蘇撫臣剛毅恭摺具陳伏乞
皇上聖鑒敕部查覈謹
奏
該部知道
光緒十五年十月　十四　日

奏報重修兩淮鹽法志告成繕寫黃冊恭呈御覽事

頭品頂戴兩江總督管理兩淮鹽政臣劉坤一跪
奏為重修兩淮鹽法志告成繕寫黃冊恭呈
御覽仰祈
聖鑒事竊兩淮引鹽行銷六省課額繁重損益因時
康熙三十二年纂修兩淮鹽法志以資考證再
修於雍正六年復修於乾隆十三年自嘉慶十
一年四次續修迄今已歷八十餘載其間張弛
因革之端有關遵守者不可枚舉軍興而後案
多散佚歲月愈久採輯愈難經前督臣曾國荃
於光緒十五年十一月籌捐經費設局重修派

委前山西冀寧道王定安總司編纂臣涖任後
飭令該道王定安始終其事曾於十八年二月
附片
奏明在案現在纂輯成書辦理完竣統以十門分
子目九十有九共計一百六十卷繕寫黃册進
呈並另繕副本照例咨送户部備查據江寧藩司
瑞璋兩淮運司江人鏡江蘇補用道前山西冀
寧道王定安詳請具
奏前來臣謹將繕就黃册派委員弁齎京恭呈
御覽再上兩屆纂修一係撫臣撰序一係臣衙門撰
序此次應否仍由臣衙門或由江蘇撫臣撰序
恭候
欽定所有重修兩淮鹽法志告成繕册進
呈緣由理合恭摺具
奏伏乞
皇上聖鑒謹
奏

著户部詳細覆勘具奏

光緒十九年二月 二七 日

奏爲江蘇補用道總纂王定安等重修兩淮鹽志請分別奬叙事

再查纂修
會典方略諸書各館成書後均得仰邀議叙兩淮
歷次續修鹽志在事出力人員亦經仿照官書
事例分別奬叙各在案此次重修兩淮鹽志自
光緒十五年十一月開局起至十八年十二月
全書告竣閲時三載之久總纂王定安督率各
員昕夕從公寒暑無間雖時隔八十餘年勢易
時殊較難搜輯中更兵燹案牘蕩然竟能廣爲
搜羅獲臻完備似未便没其微勞自應循照舊
案擇尤請奬合無仰懇

天恩俯准將江蘇補用道王定安交部從優議叙其
餘出力各員謹繕清單一併懇
恩俯照所請給予奬叙以昭激勸除飭取各該員履
歷咨部查覈外理合附片陳請伏乞
聖鑒訓示謹
奏

著照所請吏部知道單併發

呈光緒二十四年分江寧淮安揚州徐州通州五府州屬漕糧河運章程清單

清單

謹將光緒二十四年分江甯淮安揚州徐州通州五府州屬漕糧河運章程繕具清單恭呈

御覽

一米色挑選乾潔也查江甯上下游各屬多產秈米歷屆河運均係紅白兼收此次自應照辦所有江甯淮安揚州徐州通州五府州屬應運米石由道遴派委員分赴上下江產地採買皆須挑選一律乾潔責成河運總局認真驗收並由押運各員眼同該船戶兑裝各取樣米固封以憑卸載時比較不准稍有潮雜以重倉儲

一漕米分數交倉也查江甯淮安揚州通州四府州屬光緒二十四年分漕糧剔除蠲減災緩應徵熟田米一十一萬六千三百八十九石五升六合九勺內除節省給丁耗米七千一百二十二石九斗四升一合七勺循案抵充運費外實該起運正耗米一十萬九千二

百六十六石一斗一升五合二勺内正兑正米五萬九千六百八十九石三斗二升四合八勺加二五耗米一萬四千九百二十二石三斗三升一合四勺改兑正米二萬九千六百一十九石一斗九升五合八勺加一七耗米五千三十五石二斗六升三合二勺又徐州府屬本年應徵熟田漕糧米二萬五十三百五十三石一斗八升九合三勺内除節省給丁耗米三百九十五石四斗七升六合五勺亦請循案抵充運費外實該起運正耗米二萬四千九百五十七石七斗一升二合八勺内正兑正米一萬二千九百三十石一斗七升六合九勺加二五耗米三千二百三十二石五斗四升四合二勺改兑正米七千五百一十七石八升六合九勺加一七耗米一十二百七十七石九斗四合八勺徐州府屬向徵粟米近來出產無多採購維艱業經奏明仍照歷屆成案按數改辦大米起運以上

共該起運米一十三萬四千二百二十三石
八斗二升八合內除上年欽奉
恩旨截留江北漕米三萬石抵充淮徐海賑撫之用
等因欽遵辦理外實該起運米一十萬四千
二百二十三石八斗二升八合悉數交倉
一東境運道認真疏濬也查治漕必先治河山
東運道失治已久近雖擇要挑辦不過權濟
一時之急上屆漕船經過濟甯開河袁口靳
口安山戴廟一帶河底高仰不平異常淺澀
均須加戗提剝始能前進迨抵十里鋪履勘
禦黃壩外關門灘積淤較高亦須竭力疏濬
乃可出船及至渡黃入運無不艱險備嘗節
節起剝拽縴推挽灌塘套送百計經營實已
費盡人力兼以上游黃汛陡漲丈餘驚濤急
湍直趨而下為從來未有之旺黑虎廟河隄
冲决後黃汶汪洋迨漕船回空運口內外幾
至淤成平陸尤非竭力挑挖難期通順前聞
運河道擬將南運口門改往下游如果改移

則北運口門亦應移於圍山北岸以下方免逆挽黄流四十里之險業經電咨東省察酌辦理其十字河年挑年淤船易淺阻陶城埠至臨清入衛一帶河底淤墊更甚均須分別挑濬方免阻滯之虞現復咨會東河督臣山東撫臣嚴飭該管河道各員將淤淺各工趕緊確勘認真疏濬一律深通各缺口分別堵築堅實並將各閘板添製齊全務須揀選堅固合用之板以資啓閉而利漕行

一剥船仍行自雇也山東運道節節淺阻必須隨時起剥所需剥船前自光緒二十一年起統歸江安糧道自行招雇嗣准山東來咨江北江蘇剥船由幫員督同攬頭隨時自雇不必先期由縣雇備辦法較為覈實此後自應照辦等因業經列入前屆章程奏報在案所有本屆河運需用剥船擬請仍由江北隨時派員自雇以歸覈實

一豫備接運並籌回空也上屆漕船挽抵臨清

幸衛水漸長測量臨壩水勢堪以套塘灌送
即日啟壩飛速趲進連夜挽運入衛始獲運
送通倉其空船行抵北運口因守候挑河渡
黃遲滯以致凍阻南運口坡河一帶危險萬
分雖經籌款撫卹而通年運道艱阻沿途節
節起剝折耗耽延賠累不得及時南歸各該
船戶等莫不視為畏途每辦新漕招雇頗非
易易本年應照歷屆辦法臨時察看情形如
六月內能過東昌計期尚可回空仍令南船
逕送通倉毋庸接運責成該管廳縣於重運
過竣後趕將臨清陶城埠出入運口築壩堵
合蓄住去水俟空船到時啟放灌送俾得如
期南旋若至七月初水尚未長即由東省沿
河各州縣速將接運北船先為豫備務須揀
選誠實商船出具印甘各結如有偷盜和水
攙雜糠粃等弊嚴行究辦俟南船一到臨清
立即過載不得短少耽延儻至八月初仍無
大汛祇有雇車陸運之一法應由山東地方

官招雇車輛以備盤運勿稍遲誤

一北河亟須疏濬也上屆漕船挽抵天津轉入北河逆流而上水勢深淺不一楊村地方攔河新建鐵橋先經派員察看洞高尺寸如有不能過者即行起剝挽運幸值河水消落之際督飭各船挨次眠桅設法趲過迨過河西務一帶節節淺阻大費周章比飭通幫趕速提剝跟艄上駛及抵香河上下則水勢尤小探量淺處僅祇一尺七八寸而河形彎曲縴挽維艱復飭挨船加成起剝添縴拉行始克挽抵通壩現已咨請直隸督臣倉場督臣檄飭該管道廳督汛逐段勘量大加挑浚務期一律深通以免阻滯

一經費撙節動用也運道節節艱阻逐年辦理情形不同用款亦多寡難定所需經費向在漕項本折及節省給丁耗米等款内動支此次河運因市面銅錢短缺銀價太賤此中暗虧實非淺鮮兼之各處紛紛搬運以及米價

昂貴運費不敷情形歷經附片奏明在案除採買米石按照市價覈實支發民船水脚仍照向章每石給錢八百文並耗食米四升外其沿途閘壩縴挽席片雇剝等項難以豫計應由該糧道督飭委員撙節支用省益求省事竣覈實報銷不得稍涉浮糜

一兑米概用漕斛也徵收漕糧向用漕斛歷屆河運買米交倉均將道庫奉頒小口鐵斛仿製木斛較準應用本屆應仍照辦並令各備樣米呈驗加貼印花連鐵斛一併帶赴通倉以便較對

一解款循案辦理也查河運漕米運抵通倉除輕齎席木銀兩另由該糧道照例批解外所有海運案內之津通剝費雜費應遵前奉部文毋庸批解惟應解箇兑錢及廳倉茶果兩項仍照章批解倉場衙門兑收此外一切河運陋規雜費仍請嚴行禁革以重庫款而杜弊端

各委員運米到通如果始終出力無誤倉儲
擬請照案由糧道查明分別詳請給奬以示
鼓勵

覽

奏報兩淮鹽價礙難再加事

頭品頂戴兩江總督管理兩淮鹽政臣劉坤一跪
奏為兩淮鹽價礙難再加恭摺仰祈
聖鑒事竊臣准戶部咨遵議體察鹽務加價情形通
籌具奏聲請
飭令切實籌畫查明覆奏等因當經分飭查議並將
淮鹽礙難再行加價大概情形電覆戶部在案
茲據兩淮運司暨各督銷局分別詳稟前來臣
覆加查覈淮鹺以鄂岸為大宗鄂岸淮鹽加價
已非一次自江防海防兩次加價後又經商人
稟因錢昂本虧請加岸價分作三次議加然川

淮並銷之處尚有加未足數者或全未議加者特以川淮樹敵加之陸有北私潞私水有浙私岱私腹地又有應私四面環攻淮銷幾成孤立現又經湖廣督臣張之洞等奏准加價民間食賤食私淮銷已恐短絀其次皖岸離江較近侵灌堪虞且和尚港一帶私梟甚熾拒捕傷勇之案層見疊出若再議加則釐收勢必短缺所得殊不償所失也若湘岸則江防及籌餉案內前後已每斤共加價四文現在湘省奉
旨練兵籌備軍需奏准加價二文淮價愈重則川粵兩私勢必因之侵銷於課釐已多妨礙西岸則自光緒二十一年以來已三次加價況西岸引地處處與粵浙閩毗連當未加之先鄰私每斤已賤至十餘文二十餘文不等加價之後私價愈賤官價愈昂官不敵私舉步即虞闌入現已岌岌可危萬難再加此外淮南各食岸逼近場竈為私販出沒之區前因海防加價出於萬不獲已奉文遵行而各食岸幾至片引不行不得已請減加一文稍資補救前車可鑒似難再加

此淮南不能再加鹽價之實情也淮北有壩銷
關銷之別壩銷者西壩銷市也關銷者正陽關
銷市也又有所謂岸銷者邳宿睢桃四食岸也
若論壩銷係售之於湖販自有一定章程若論
岸銷近年徐海等屬疊被水災小民蕩析離居
不堪困苦疊蒙
恩旨發帑截漕並廣集捐輸以資賑撫現雖流亡漸
集而災祲之後似宜培養元氣未便言加且該
四岸為淮北藩籬以敵山東私鹽是以前議加
價祇令由商籌款未敢加之於民以期減價敵
私保全淮北大局若論關銷大半毗連衛鹽引
界衛鹽價本賤於淮鹽平日已有不敵衛鹽之
處前於光緒二十年飭令加價先因窒礙難行
銷數疲滯直延至次年九月間始能開辦前去
兩年銷數短絀亦由於此上年渦陽土匪滋擾
窮民無所依賴不免販運衛私以餬其口此次
加價一事似較他處為尤難此淮北不能再加
鹽價之實情也合無仰懇
天恩俯念淮鹾課餉攸關免予再行加價以示體恤

奏爲敬陳清除兩淮鹽政積弊事

而廣
皇仁除咨户部外理合恭摺具陳伏乞
皇太后
皇上聖鑒訓示施行謹
奏

户部議奏

光緒二十五年六月二十三日

皇上聖明乾斷中外肅清兩淮鹺政向多積弊
特差大臣察審郵商除弊爲德莫大惟是鹺政當澈
底澄清之時一清則無弊不清如加增根窩欺
隱積欠私歛賦費諸大弊久在
天鑒之中不敢贅陳其餘稍有所聞謹爲我
皇上陳之
一主名之人宜除也兩淮積蠹權歸商總商總
雖多原有主名管事之人各項加派皆一手握
定事不發覺利歸諸己事一發覺害歸諸人倡
首包賠至於對質則議出商棍直身承當其主

以至百千不等按官之大小分送有權勢者倍

之

聖祖朝久悉此弊已經發覺曾開全单進呈

聖祖御覧久已革除近又私立名色串同商総照舊按

年瓜分將散商鹽引抵充各官名下多寡不等

一攤綱之弊宜清除也兩淮行鹽舊例凡貲本虧折消乏商人不能完課則將本商所欠課餉攤入衆商名下按年代賠名曰攤綱昔年所攤之綱爲窮商爲消乏之户近年所攤之綱爲商棍爲包攬私賣根窩之人只與商総串同便可肆行無忌如本商欠課陸萬勒限三年完賠每年該完銀貳萬現有根窩鹽引可以抵充今與商総勾通將自己名下根窩賣去援窮商之例硬將所欠若干攤入衆商名下衆商含恨而不敢言其偷賣根窩之人公然同散商一例每年完欠肆百兩約計三年共壹千貳百兩而乾没已項應出之伍萬捌千捌百兩徼倖脱免亦係商総瓜分如此等案件

欽差察審自有清冊進呈

聖覧

名則堅不供招及本案審結主名管事數人照
常管事侵欺作弊爲害最大
一影射之弊宜清也凡審事出京關涉鹺政者
商總早借名私派名曰公費未經發覺彼此侵
欺互相影射指云送某官若干送要路若干開
銷公帳其實分贓者不止一人在淮揚有淮揚
之積棍有淮揚之官紳在
京
師有四方之積棍有淮揚之官紳其中影射甚
多如吳雨山等供招此項銀兩雖經歛湊尚未
餽送情願充餉等語夫事已發覺願充餉矣倘
不發覺不盡充私橐乎
一官商之名宜革也商籍凡行鹽者子孫官於
朝
遂自立爲官商凡應出正項公費或減半或竟
有不出者又將同姓商人引課歸入官商名下
侵欺入已近年有並非行鹽之家凡居官者與
商總串同分利自立爲官商將毫無干涉之引
課認歸名下相沿成例
一別敬長規等名宜革也鹺政爲東南財賦之
數羣思於中染指地方紳士不在官商名目每
年坐地分派若干曰別敬又曰長規由數十兩

一過壩之圖書私票宜亟除也散商行鹽現有部頒鹽引可憑有巡鹽印文可據自有商總把持鹽政另鐫圖記設立私票凡散商之鹽過壩開船有商總圖書私票者立刻放行無私票者經時累月羈留不發散商雖欲早至江西湖廣發賣其勢有所不能所以食鹽之地鹽價已定而仍然湧貴山僻地方更甚總因鹽船到者無多商總把持取利所當澈底清查以肅鹺政

一商總之名宜亟除也加派不革鹺政不清商總不除加派不止商總者毫無益於鹺政止充昔時貪污巡鹽及各官之私人而已查康熙二十一年以後商綱久經革除今改名商總相沿日久昔年之商總尚有殷實守法之人近年之商總皆屬市井詐騙之棍父子祖孫兄弟盤踞於中侵欺

國課不止數百萬商總能令貪污之巡鹽與之夥同苛派不足爲異能使素講操守之巡鹽亦墮其術中公然聽其加派不能過而一察商總布散謠言曰商總一革鹽務難行直省地丁錢糧百千億萬其頭緒繁多數十倍於鹺政自里長

一革户户到官百姓輸賦踴躍急公倍於從前
兩淮散商止有百餘家受商總朘削已久商總
一革苛派盡除散商感仰
皇恩其完課必數倍於前而於
國家之經費日有增益以苛派之項悉除則惟正
之供自足
皇上軫念鹺政表率亟宜得人如巡鹽御史運司
特簡擢用
聖明允當臣愚以爲自運司以下皆辦理鹺政必需
之員求
皇上准長蘆之例選能幹廉員補授大有裨益更有
一種窮民曰竈户終歲煎鹽居海濱窪地最爲
貧苦七月内風潮漂散受傷最多求
皇上諭鹽臣加恩賑卹則無告之貧民悉沐
天恩矣臣謹
奏

宣統朝

奏報淮南運庫光緒二十九年三十年收支正雜各款數事

兩江總督兼管兩淮鹽政臣張人駿跪

奏為光緒二十九三十兩年淮南奏銷收支正雜
各款數目遵照新章恭摺具陳仰祈
聖鑒事竊查接管卷內前准部咨光緒二十九年上
半年淮南課釐須銀錢併計又另案咨報二十
九年全年淮南綱食各岸加價統計祇二百零
五萬兩之譜即以未報該年下半年課釐併入
約計仍不及查辦摺內報收銀數之半今即核
明二十九年正雜各款總數另行具奏並隨摺
開具簡明四柱清單以憑稽核其三十年正雜

各款亦即遵照臣部原奏按照單式奏報等因
當經前署督臣周馥轉行遵照辦理在案惟款
目至繁且鉅又須更改新章往返駁查致需時
日茲查兩淮運庫暨鄂湘西皖四岸江甯食岸
督銷加抽川鹽釐金江南財政各局按照部行
查辦單式將收支正雜各款分別造具清冊並
開列簡明四柱清單呈送前來核計二十九年
分舊管共存銀二百四十五萬九千五百十七
兩有奇又存錢二十萬四千五百七十千有零
又存洋一千五百五十元共新收銀一千八十